Cute Pets Spezialisten

AUTOREN / COVER /
BILDER

DIRK L. FEILER

TANJA FEILER

INTRO AUS CUTE PETS
WOLLEN MEER

DAS EVENT ZUM 10

JAHRE JUBILÄUM VON

DLFV / WIR KINDER

DIESER ERDE VON

KITTYS FAMILIE - HERR

UND FRAU FEILER IST

SEHR GUT ANGEKOMMEN,

DENN DIE CUTE PETS, BE-SONDERS KITTY HABEN SEHR VIEL MITGEARBEITET.
DIE CUTE PETS WOLLEN MEER...

STRAND UND MEER ZUHAUSE. ALIEN BESORGT AUS EINEM FORSCHUNGSLABOR LEIHWEISE EINE MASCHINE, DIE NOCH EIN PROTOTYP IST. ALIEN TESTET SIE IM LEERGERÄUMTEN FITNESSRAUM ZUM ERSTEN MAL. UND ES FUNKTIONIERT – DIE CUTE

PETS HABEN IHREN MINISTRAND MIT MEER ZUHAUSE. FÜR ZWEI STUNDEN DIE KARIBIK IM FITNESSRAUM. FOLGEN SIND: DER KÜNSTLER X MALT, GOOD PET SCHREIBT SHORTSTORIES, KITTY STELLT EIN ONLINEALBUM ZUSAMMEN, HAESCHEN UND ANGELA SCHREIBEN LYRICS FÜR NEUE CUTE

PETS SONGS, DENN DIE ZEIT DER STUDIOAUFNAHMEN HAT BEGONNEN. DIE PETS HABEN DANK ALIEN EIN KLEINES MINIZIMMER, DAS EIGENTLICH NUR ZUM ABSTELLEN VON PUTZ UTENSILIEN GENUTZT WURDE ZUM TON STUDIO UMFUNKTIONIERT —

ALIENS PC, NEUSTE SOFTWARE ...

ANGELINA UND IHR EHEMANN MAEHI STUDIEREN MELODIEN EIN – HAESCHEN SINGT UND MICHELLES KREATIVITÄT IM HINBLICK DEKORATION UND MODE – WOBEI MICHELLE FÜR DIE CUTE PETS DIE KLEIDUNG FÜR BÜHNENAUFTRITTE

HERSTELLT. SIE KAUFT DAFÜR KEINEN TEUEREN STOFF, SONDERN NUTZT DAS, WAS DA IST. WIE ZUM BEISPIEL AUSSORTIERTE KLEIDUNG, DIE Z.B. GOOD PET NICHT MEHR PASST ODER MINIMALE FEHLER HAT – UND DARAUS SCHNEIDERT SIE OHNE DASS SIE EINE NÄHMASCHINE BESITZT

ODER IRGENDWELCHE KENNTNISSE IM NÄHEN HAT - IM GEGENTEIL, IHR WURDE IN DER KINDHEIT VERBOTEN AN DER NÄHMASCHINE ZU ARBEITEN – DIE GEFAHR WAR ZU GROSS, DASS EINE „NADEL KAPUTT GEHEN KÖNNE". MICHELLE KÜMMERT SICH UM DAS BÜHNENOUTFIT DER CUTE

PETS. ALIEN IST DER
TECHNIKER, ZUSAMMEN
MIT SAMMY, DER LEIDER
NUR VIA CHAT HELFEN
KANN. KITTY MACHT EIN
PAAR SPONTANBILDER

ALIEN ZEIGT DEN CUTE PETS LESEPROBEN DER BÜCHER VON KITTYS FAMILIE. DAS INSPIRIERT WIEDERUM FÜR LYRICS.

States has asked for help. DLFV has helped it post followed the First Lady, former president and prominent citizens of the United States. Meanwhile, the DLFV has completely distanced from politics and

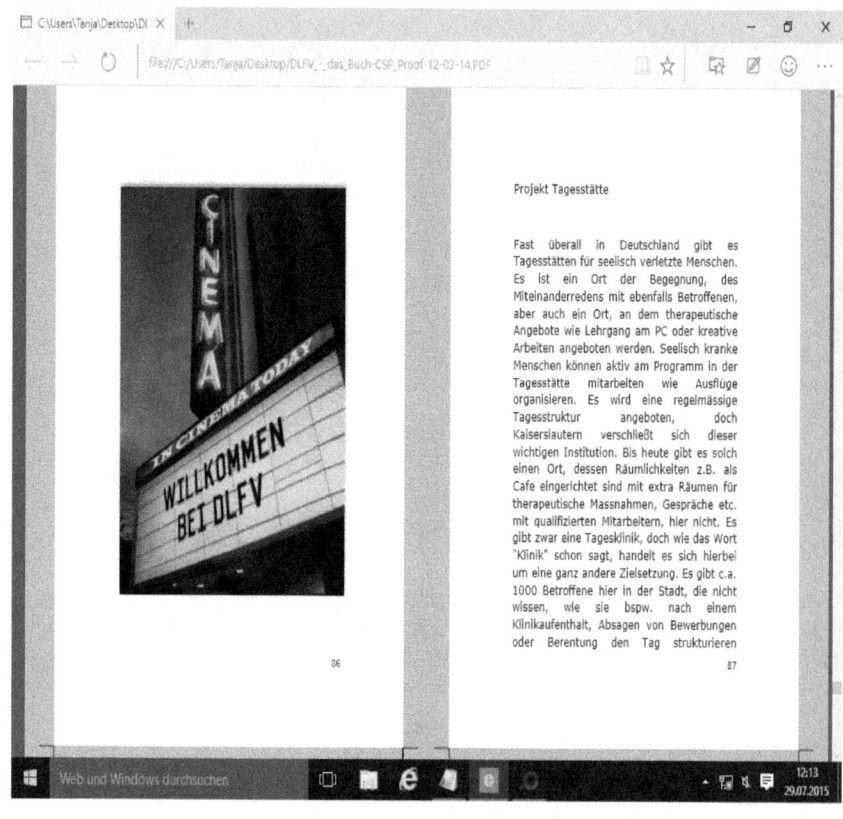

Projekt Tagesstätte

Fast überall in Deutschland gibt es Tagesstätten für seelisch verletzte Menschen. Es ist ein Ort der Begegnung, des Miteinanderredens mit ebenfalls Betroffenen, aber auch ein Ort, an dem therapeutische Angebote wie Lehrgang am PC oder kreative Arbeiten angeboten werden. Seelisch kranke Menschen können aktiv am Programm in der Tagesstätte mitarbeiten wie Ausflüge organisieren. Es wird eine regelmässige Tagesstruktur angeboten, doch Kaiserslautern verschließt sich dieser wichtigen Institution. Bis heute gibt es solch einen Ort, dessen Räumlichkeiten z.B. als Cafe eingerichtet sind mit extra Räumen für therapeutische Massnahmen, Gespräche etc. mit qualifizierten Mitarbeitern, hier nicht. Es gibt zwar eine Tagesklinik, doch wie das Wort "Klinik" schon sagt, handelt es sich hierbei um eine ganz andere Zielsetzung. Es gibt c.a. 1000 Betroffene hier in der Stadt, die nicht wissen, wie sie bspw. nach einem Klinikaufenthalt, Absagen von Bewerbungen oder Berentung den Tag strukturieren

86

87

DIE CUTE PETS SIND SICH EINIG, DASS SIE DAS SOZIALE PROJEKT TAGESSTÄTTE FÖRDERN. SIE WERDEN EINEN SONG SCHREIBEN — DER ENDLICH DIE STADT WACH MACHT!

YEPPA!